Grisette

la ratoncita mágica

Texto de Natacha Godeau
Ilustraciones de Axelle Vanhoof

Cae la noche. En el mundo subterráneo de los ratones, Grisette está con su prima Verdina. Les encanta juntarse para divertirse y disfrutar en su mundo secreto.

De repente, suena una campanita. Atención, Grisette,
a una niña se le ha caído un diente.
¡Hay que ir a mirar debajo de su almohada!

¡Rápido! La ratoncita debe ir a trabajar. Grisette se despide de su prima y corre a su casa. Allí, se calza sus zapatos de faena mágicos y mete un regalito sorpresa en su mochila mágica que reduce los objetos.

Grisette se coloca bien la mochila y sale del país de los ratones.
El guardia real siempre está en la puerta.

—¡Hasta luego, Hamelín! —se despide al marcharse.

—¡Ten cuidado, Grisette! —le responde él.

¡Zas! La ratoncita sale de debajo de la tierra de un salto.

Grisette mueve los bigotitos. Golpea tres veces el suelo con el tacón y sus zapatos mágicos la propulsan muy alto hasta el cielo estrellado. De lejos puede ver un grupo de murciélagos de paseo y también ¡al mismísimo jefe de los gatos callejeros!

Finalmente, los zapatos de Grisette se posan sobre el tejado de una casa. Ahí es donde vive la niña a la que se le ha caído el diente. Muy contenta, la ratoncita se cuela por una teja.

Una vez en la buhardilla, curiosea por un agujero
que hay en el suelo… ¡Es muy prudente!

Grisette puede ver a una niña en su cama. Sus padres le dan las buenas noches y la abrazan.
—¿Has puesto el diente debajo de la almohada, Laura? —le pregunta su padre.

—¡Ya sabes que sin diente no hay regalo! —añade su madre.

Laura bosteza. Sus padres encienden la luz de noche antes de salir. Laura se queda dormida al momento…

En la buhardilla, Grisette mueve los bigotitos, golpea tres veces el suelo con el tacón y sale disparada.

Grisette aterriza en el suelo del dormitorio. ¡Tiene que tener mucho cuidado de no despertar a Laura! Sin hacer ruido, la ratoncita coloca su gran mochila en el suelo. Después, trepa rápido hasta la cama de la niña…

Sin perder tiempo, Grisette se cuela bajo la almohada para coger el diente y vuelve a su mochila mágica a buscar el regalo.

Desafortunadamente, tropieza con la manta
y ¡pumba! ¡Cae al suelo!

Laura se despierta sobresaltada.
—¿Qué ha sido ese ruido? ¿Eres tú, ratoncita?
Grisette tiene que esconderse rápidamente debajo de la cama antes de que Laura la vea…
¡y debe ocultar la mochila!

Laura levanta la almohada,
pero ahí no hay nada: ¡ni
diente ni juguete!
Un poco preocupada,
mira a su alrededor.
Se inclina para mirar
debajo de la cama…

¡Grisette no hace ni un ruido y Laura no puede verla!

Afortunadamente, Grisette se ha escondido muy bien. Laura comprende que la ratoncita no quiere que la descubra.
—Si no miro, ella cumplirá su misión y se irá —dice en voz baja.

Laura se acuesta y finge dormir. Pasado el peligro, Grisette sale de su escondite.

25

De puntillas, busca con cuidado en su mochila
y, a la de tres, Grisette se desliza bajo
la almohada para colocar el regalo.
Todavía con los ojos bien cerrados, Laura siente
cómo la ratoncita revuelve bajo la almohada.
La niña contiene la risa y aguanta sin mirar…
¡a pesar de que se muere de ganas!

Ahora sí, Grisette está satisfecha. ¡Yupi! ¡Misión cumplida!
Antes de irse, frota la mejilla de Laura con sus bigotitos. Es un beso
de ratón, para darle las gracias a la niña. ¡Si la hubiera visto,
toda su magia habría desaparecido!

Poco después, Grisette regresa orgullosa
a su madriguera secreta ¡Buen trabajo!

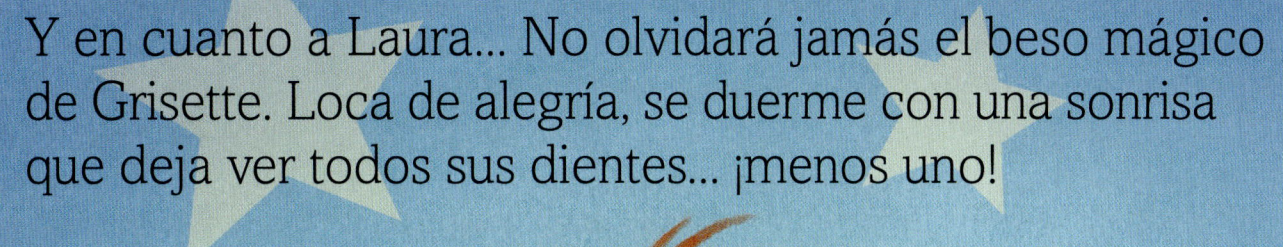

Y en cuanto a Laura... No olvidará jamás el beso mágico de Grisette. Loca de alegría, se duerme con una sonrisa que deja ver todos sus dientes... ¡menos uno!